# EXPERTO EXCALADOR DE EXCALERAS

# EXPERTO EXCALADOR DE EXCALERAS

Javier González

Ilustraciones de **Lluïsot**

Kalandraka

# ÍNDICE

# SOPA ENAMORADA DE LETRAS

| | | | | |
|---|---|---|---|---|
| **T** | E | O | M | A |
| **M** | E | M | O | E |
| **A** | M | A | M | A |
| **O** | O | M | M | E |
| **A** | O | M | T | O |

BUENAS NOCHES
PARSONS
GERMANY

# NO QUIERE LA POESÍA QUE LA LEAN

No quiere la poesía que la lean
y entonces revuelve las letras
de sus palabras y sía adien epdau
rlee uss srsoev euqrop osn
ssu evsros y llea ideecd
is es nele hasta que ya se hizo tarde
y la poesía se quedó dormida
y ahora sería la ocasión de leerla,
pero no, mejor ir a por una manta
para ponérsela encima
y hacerle una caricia en los versos
esperando que mañana, mañana tal vez
podamos leer la poesía,
si ella quiere.

# LLUVIA

?????????????????????????????????????????????????????
????????????(llueve)???????????????????????????????????
?????????????????????????????????????????????????????
?????????????????????????????????(toda la página lloviendo sin parar de llover)?????????????????????????????????????
?????????????????????????????????????????????????????
?????????????????(toda la página lloviendo sin parar de llover signos finales de interrogación)???????????????????????????
?????????????????????????????????????????????????????
?????????????????????????????????????????????????????
?????????????????????????????????????????????????????
???????????????????????????????????(menos mal que traje paréntesis)????????????????????????????????????????????

# LA PRÓXIMA VEZ UN VASO DE LECHE

El punto final tomó un café●

Y después no puede dormir●

Y toda la noche se la pasa mirándote fijamente●

Hasta que ya casi al amanecer por fin se duerme▬

# ÚLTIMAS NOTICIAS POÉTICAS

En el día de ayer
y alertados por un fuerte olor a verso
los vecinos llamaron a los bomberos,
quienes después de entrar en el domicilio del poeta
lo encuentran bajo un alud de poesías de amor.
Gracias a su rápida intervención,
los bomberos consiguen rescatar al poeta,
que parece encontrarse bien,
aunque manifiesta síntomas de agotamiento
y antes de desmayarse recita
su última poesía

## AMOR DE ANISÓPTERO

Te amo
desde la primera vez que te vi.
Siempre te he amado,
y toda mi vida
(los dos meses que aproximadamente
vivimos las libélulas desde que dejamos de ser larvas)
te amaré.

Ahora el poeta se recupera en el hospital.
Al despertar lo primero que ha hecho
es pedir papel y bolígrafo a las enfermeras.

# DE MAYOR

De mayor quiero ser un

extraordinario y excéntrico explorador, EXCALERAS.

aunque si no puedo ser un DE

extraordinario y excéntrico explorador EXCALADOR

entonces lo que me gustaría ser es un EXPERTO

# FIN DEL MUNDO CONTADO CON ONOMATOPEYAS

¡Riiin, riiin!, ¡toc, toc!, ¡tras!, ¡pon, pon, pon!,

¡pum!, ¡tric!, ¡buuum!,

¡tan, tan!, ¡chop!,

¡pam!, ¡plaf!, ¡clonc!, ¡paf!, ¡zas!, ¡tric!,

¡plum!

¡Crac!

¡Riiin, riiin, riiin, riiin, riiin, riiin, riiin, riiin, riiin, riiin, riiin, riii

# PLANETA DE SEGUNDA MANO

No lo tires

dámelo a mí.

# DIARIO SECRETO DEL TITANIC

Soy el mejor de los barcos transatlánticos.
Toda la tripulación confía en mí.
Los pasajeros se divierten.
La orquesta toca.
Contemplo el iceberg acercándose.
Cualquiera les dice ahora que no sé nadar.

# POESÍA CAMPESTRE CON LETRERO

CORTA LA HIERBA PARA LEER LA POESÍA

## VERSOS PARA LEER EN EL OCULISTA

Yo NO quiero escribir poeNOas,

SÍ quiero escribir poeSÍas.

# CAMA POÉTICA

Acuesto a la poesía, pero como hace frío
le pongo una manta de emes, que es la letra más calentita,

mmmmmmmmmmmmmmmmmmmmmmmmmmmmmmmmmm,

y otra manta de emes encima,

mmmmmmmmmmmmmmmmmmmmmmmmmmmmmmmmmm
mmmmmmmmmmmmmmmmmmmmmmmmmmmmmmmmmm,

y otra en letra negrita, que abriga más,

**mmmmmmmmmmmmmmmmmmmmmmmmmmmmmmmm**
mmmmmmmmmmmmmmmmmmmmmmmmmmmmmmmmmm
mmmmmmmmmmmmmmmmmmmmmmmmmmmmmmmmmm,

y una última manta de emes, que no abriga mucho pero es bonita,

*mmmmmmmmmmmmmmmmmmmmmmmmmmmmmmmmm*
**mmmmmmmmmmmmmmmmmmmmmmmmmmmmmmmm**
m m m m m m m m m m m m m m m m m m m m m m m m m m m m m m m m m
m m m m m m m m m m m m m m m m m m m m m m m m m m m m m m m m m.

Ahora sí está calentita la poesía, y enseguida se duerme, feliz,
¡qué hermosos sueños tendrá! hasta que por la mañana temprano
vuelva a sonar el feo despertador de la realidad...

# ARROZ MUNDIAL

Las poesías de este libro,
si alguna no te gusta entonces puedes
arrancar la hoja (cuando el autor no esté mirando)
y después de cocerla diez minutos en abundante agua hirviendo
tendrás arroz para toda la semana,
el más rico que hayas comido nunca.
Y no hace falta añadirle especias si te apetece un toque exótico,
tan solo corta finita la publicidad
del restaurante pakistaní de la esquina
y al empezar el agua a hervir
échala junto con la hoja de este libro (recuerda: cuando el autor
no esté mirando).

## CUENTO DE LETRAS EN POCAS PALABRAS

La **u**, la **v** y la **w** salen juntas a pasear.

Pero la **u** no mira por dónde anda y resbala con

una piel de plátano. Del golpe la **u** se dio la vuelta

y ahora parece la **n**. Entonces la **v** y la **w** le ponen una tirita.

Y ahora la **u** es igualita a la letra **ñ**. *Mejor volvamos a casa*

dice entonces la **u**. Callan la **v** y la **w**, seguramente

porque sobran las palabras.

# REFLEJO

| | |
|---|---|
| Dice | Dice |
| que no | que no |
| que él no, | que él no, |
| que él no es | que él no es |
| un espejo, | un espejo, |
| aunque parezca | aunque parezca |
| aunque parezca | aunque parezca |
| un espejo, | un espejo, |
| que él no es | que él no es |
| que él no, | que él no, |
| que no | que no |
| Dice | Dice |

# EN EL RESTAURANTE

# PROHIBIDO JUGAR CON LA POESÍA

En la primera estrofa

juegan los niños al balón.

Cuando de un balonazo rom

pen la poe

sía

y se asoma el poeta a ver quién ha sid

o

y ni rastro de los niñ

o

s, en el último verso botando solitario un

bal  ón

## LOBO DE CUENTO (NEXT DEPARTURES)

«Caperucita Roja»

**CANCELADO**

«Los tres cerditos»

**CANCELADO**

«Los siete cabritillos»

**CON RETRASO**

«Pedro y el lobo»

**CANCELADO**

«Tío Lobo»

**CON RETRASO**

**CANCELADO**

**DELAYED**

ATENCIÓN SEÑORES LOBOS, LAMENTAMOS INFORMARLES

NO HAY NINGÚN CUENTO PREVISTO PARA ESTA NOCHE

PORQUE TODOS LOS NIÑOS

ESTÁN YA DORMIDOS.

# POESÍA FATAL

Había una vez

una poesía cuyos versos

se llevaban fatal entre ellos,

tan mal

se llevaban

que nunca estaban de acuerdo en nada y

unos se justificaban a la izquierda,

otros a la derecha,

*algunos se escribían en cursiva*

**mientras que otros preferían ponerse en negrita.**

Hasta que cierto día

un grupo de ellos decidió tomar la palabra:

«Hermanos versos, esto no puede seguir así,

porque sí, puede que en realidad solo seamos un puñado de versos huecos y vacíos,

¿pero por qué no dejar de lado nuestras diferencias?

¿Por qué no podemos ser versos unidos como un solo verso?».

Y al oír estas palabras

muchos versos se emocionaron, algunos lloraron

y todos empezaron a aplaudir

¡plas plas plas plas plas plas plas plas plas

sin dejar de aplaudir plas plas plas plas plas

plas plas plas plas plas plas plas plas plas

plas plas plas plas plas plas plas plas plas

todavía no dejan de aplaudir plas plas plas

plas plas plas plas plas plas plas plas plas

plas plas plas plas plas plas plas plas plas
plas plas plas plas plas plas plas plas plas!

## TINTA LIMPIA

Cuando vayas a lavar tus libros de poesía en la lavadora
recuerda separar las páginas blancas
de las de color.
No pongas el centrifugado
si no quieres que las poesías se
desordenen.
Por último, al tender tus libros de poesía en la terraza
si ves que te faltan pinzas para colgar todos los versos

∀

siempre puedes usar una letra a mayúscula.

# VERSOS ESTRATOSFÉRICOS

Sube el globo...

Sube el globo...

Sube el globo...

Sube el globo...

Sube el globo...

Sube el globo...

Sube el globo...

Sube el globo...

Sube el globo...

Sube el globo...

Sube el globo...

Sube el globo...

Sube el globo...

Sube el globo...

Sube el globo...

Sube el globo...

Sube el globo... justo pasó por en medio de una nube.

# LOS PUNTOS SUSPENSIVOS ME CUENTAN SU VIAJE

Por la calle me encuentro con los puntos suspensivos.

Dicen que fueron de viaje a...

Y también estuvieron cerca de...

El lugar que más les gustó fue...

Aunque pasaron bastante frío a su paso por...

Y la comida no era muy buena en...

Los puntos suspensivos y yo nos despedimos. Los miro mientras se alejan calle arriba. Se les ve contentos y parece que disfrutaron mucho de su viaje. Me gustaría saber dónde habrán estado...

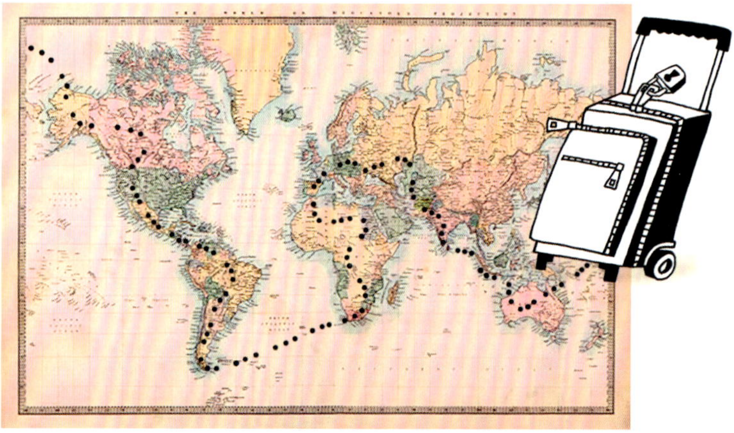

# LA INCREÍBLE HISTORIA DEL HOMBRE ECO

La increíble historia del hombre eco
eco
eco
eco
nadie la cuenta,
cuenta,
cuenta,
seguramente porque
porque
porque
porque
a todos
a todos
les parece haberla escuchado,
escuchado,
escuchado,
les parece haberla escuchado ya
escuchado ya
escuchado ya
antes.
.
.
.

# ¿TOSTADO O QUEMADO?

Las editoriales tienen un enorme horno
donde hacen sus libros,
pero no sé por qué esa manía de cocerlos de más.
Horas y horas me paso en las librerías buscando
un libro que esté poco hecho.
Nada que hacer.
Las letras todas negras,
todos los libros cocidos de más.

CLASSIC
SwissHome
1
2
3
4

## PÁGINA EN BLANCO

Una poesía nevada.

Una poesía invisible.

Una poesía entre las nubes.

Son algunas de las posibilidades que tiene el poeta

para no escribir nada.

LG

# ESTA POESÍA TENÍA ORIGINALMENTE CUATROCIENTOS VERSOS

La última vez que encendí la televisión estaban dando un programa
donde salía yo hablando de
la última vez que encendí la televisión y estaban dando un programa
donde salía yo hablando de
la última vez que encendí la televisión y estaban dando un programa
donde salía yo hablando de
la última vez que encendí la televisión y estaban dando un programa
donde salía yo hablando de
la última vez que encendí la televisión y estaban dando un programa
donde salía yo hablando de
la última vez que encendí la televisión y estaban dando un programa
donde salía yo hablando de
la última vez que encendí la televisión y vaya que mejor hubiera sido
ponerme a leer un libro.

# QUIERO

He leído libros.

En árboles y granjas voy a clases particulares.

Practico varias horas al día.

Quiero. Pero no es fácil

aprender a poner huevos.

# LA LETRA PEQUEÑA

Justo voy a firmar el contrato

cuando aparece la letra grande diciendo

**Esta letra pequeña hace ya rato que debería estar en la cama, vamos ahora mismo para casa...**

¿Y me contarás un cuento antes de dormir? pregunta la letra pequeña.

**Sí, y hasta tres si quieres** responde la letra grande.

¡Qué bien! ¡Tres cuentos! Y la letra pequeña coge de la mano

a la letra grande y ya van a salir por la puerta cuando la letra grande

se gira y me dice **Y usted acuérdese de leer la letra pequeña antes de firmar nada.**

Se fueron. Yo me quedo pensando que a mí nunca

me contaban tres cuentos.

# *GILLETTE*

Primero espuma por todos los versos

Después una pasada con la maquinilla de afeitar por arriba...

Y luego una pasada por abajo

Listo. Poesía afeitada

# LAS OLAS

*Llega a la orilla de la playa*

*una ola*

*(que trae puesto el bañador )*

*una ola*

*(que sacó a pasear unos peces pequeños)*

*una ola*

*(alta como su madre )*

*una ola*

*(que fue a comprar sal a la tienda de la esquina )*

*una ola*

*(con los ojos de su padre* verdes)

# POESÍA DE EMERGENCIA

Al terminar de leer estas poesías
podría también pasar que no te guste ninguna,
y ha sido tiempo perdido,
dinero también si compraste el libro.
Por eso, en todos mis poemarios
siempre incluyo una poesía de emergencia
escrita especialmente para ti. Aquella con la que siempre has soñado,
la poesía que necesitas leer y hasta podría cambiar tu vida.
Para encontrarla tan solo tienes que rascar con una moneda
sobre la poesía que menos te gustó de todas...
¿Qué? ¿Cómo dices? ¡¡Que ya hiciste arroz con ella??

# EL FINAL QUE NO QUERÍA

El final no quiere llegar al final
y se agarra con fuerza a la penúltima página.
Las letras y los números durante horas hablan con él,
hasta que finalmente el final entra en razón.
También porque al terminar el libro
le han prometido
comprarle entre todos
un
bonito
continuará...

Obra ganadora del XVI Premio Ciudad de Orihuela de Poesía para Niñas y Niños

El jurado estuvo formado por

María Isabel Cobo Reinoso, Aurora Gil Bohórquez, Vicente Pina López, Josefa Romero Sarrías

Xosé Ballesteros y Fuensanta Mazón.



Fotografías de Flormujer



Rúa de Pastor Díaz, n.º 1, 4.º B - 36001 Pontevedra

Tel.: 986 860 276

editora@kalandraka.com

www.kalandraka.com

Impreso en Gráficas Anduriña, Poio

Primera edición: abril, 2024

ISBN: 978-84-1343-291-5

DL: PO 104-2024



FSC
www.fsc.org
MIXTO
Papel | Apoyando la silvicultura responsable
FSC® C104983